ORAISON FUNÈBRE

DE

MONSEIGNEUR WICART

PREMIER ÉVÊQUE DE LAVAL

PRONONCÉE PAR

MONSEIGNEUR L'ÉVÊQUE D'ANGERS

DANS LA CATHÉDRALE DE LAVAL

LE 15 MAI 1879

ANGERS
GERMAIN ET G. GRASSIN, RUE SAINT-LAUD
Imprimeurs de Monseigneur l'Évêque et du Clergé.

1879

ORAISON FUNÈBRE

DE

MONSEIGNEUR WICART

PREMIER ÉVÊQUE DE LAVAL

Prononcée dans la cathédrale de Laval, le 15 mai 1879

PAR

MONSEIGNEUR L'ÉVÊQUE D'ANGERS

Ecce constitui te ut ædifices et plantes.

Voici que je vous ai établi pour édifier et pour planter.

Jérémie, I, 12.

MONSEIGNEUR, MES FRÈRES,

A qui mieux qu'au premier Évêque de Laval, pourraient s'appliquer ces paroles de la Sainte Écriture ? Lui aussi, il y a près d'un quart de siècle, était venu au milieu de vous pour édifier et pour planter. A la vérité, les pierres du futur édifice étaient là toutes prêtes et taillées à l'avance ; mais elles demandaient une main de maître qui pût les réunir et les disposer par ordre depuis la base jusqu'au sommet. Elle était vigoureuse, la branche qu'une volonté souveraine venait de détacher d'un tronc antique et vénérable ; mais pour lui faire reprendre une vie nouvelle au sein de la terre où elle allait être replantée, il fallait un art éprouvé par une longue expérience. Ce fut la mission du pieux Prélat dont nous pleurons la perte ; et pour vous montrer avec quelle fidélité il a su l'accomplir, il me suffirait de vous dire : regardez et voyez. Cet édifice qu'il était chargé de construire, le voilà devant vous, majestueux et splendide ; cette plantation, à laquelle il devait donner tous ses soins, elle surabonde désormais de sève et de fécondité. L'église de Laval, la grande œuvre de sa vie, s'élève sur son tombeau, comme le magnifique témoignage du mandat qu'il avait reçu et rempli jusqu'au bout : *Ecce constitui te ut ædifices et plantes :* « Voici que je vous ai établi pour édifier et pour planter. »

Vingt ans s'étaient écoulés dans ce rude mais glorieux labeur. Puis, quand l'âge et les infirmités eurent brisé ses forces, l'ouvrier évangélique ne put se résoudre à s'éloigner de son œuvre. Tant de liens l'attachaient à cette église de Laval dont la vie était devenue la sienne ! Plutôt que de les rompre, le vénérable vieillard aima mieux s'incliner tout le premier sous la houlette pastorale recueillie par des mains plus jeunes, et se choisir un lieu de repos à l'ombre même de la chaire qu'il avait fondée, à quelques pas de l'église où s'élevait la veille encore son siége épiscopal. C'est du fond de cette retraite, qu'il suivait de l'œil, avec un intérêt tout paternel, le développement de ses œuvres, et qu'il bénissait de loin les travaux de ses fils dans le sacerdoce, achevant par la prière ce qu'il avait commencé par la parole et par l'action, comme l'aïeul accablé sous le poids des ans, mais dont la seule présence au foyer domestique est encore pour tous ses enfants agenouillés sous sa main tremblante, une force et une bénédiction.

Vous avez su apprécier, comme elle méritait de l'être, cette dernière marque d'une fidélité inviolable ; et vous y avez répondu jusqu'à la fin par les témoignages de votre piété filiale. Tant et de si grandes choses se résumaient pour vous dans cette vie qui s'éteignait lentement : les origines de votre Église, ses institutions naissantes, ses nouveaux établissements, tout ce qui fait la force et l'honneur d'un diocèse. La vue de votre premier Évêque vous rappelait ce passé de vingt ans qui déjà paraissait réunir tout l'éclat d'une longue histoire. Aussi le respect universel couvrait-il une retraite à laquelle se rattachaient de si glorieux souvenirs ; et quand, il y a quelques semaines, votre ancien pasteur recevait de tout un peuple rassemblé autour de son cercueil l'hommage suprême de l'affection et de la reconnaissance, on eût dit que la mort était venue le frapper encore debout sur son siége et dans la plénitude de son autorité pontificale.

Pour moi qui n'ai eu le bonheur de connaître qu'à son déclin cette belle vie d'Évêque, mes sentiments étaient les vôtres. Depuis le jour où il plut à la divine Providence de nous rapprocher dans l'exercice d'un même ministère, je n'ai cessé d'être uni du fond de mon cœur à ce vénérable frère, qui m'avait accueilli dans les rangs de l'épiscopat avec une si affectueuse tendresse. Oui, je m'édifiais de voir et d'entendre cet homme de Dieu, qui n'a jamais eu d'autre mobile que le désir du bien et l'amour du devoir. J'estimais et j'aimais ce vrai serviteur de l'Église, dont le zèle s'enflammait pour toutes les saintes et nobles causes ; et, dans tout le cours de ma carrière, il ne m'a pas été donné de rencontrer une âme plus sacerdotale que la sienne. Aussi est-ce pour moi une tâche bien douce de lui payer en ce jour, devant sa famille spirituelle, le tribut de louanges que mérite une vie si féconde en bonnes œuvres.

Le plus grand honneur que Dieu daigne faire à l'homme ici-bas, c'est de l'associer à sa puissance créatrice ; et de tous les titres que l'on porte dans l'histoire, le plus éclatant est celui de fondateur. Il se forme autour des noms qui rappellent ce privilége, une auréole dont la splendeur est incomparable. Et, comme rien n'égale en importance les fondations de l'ordre spirituel, leur mérite se mesure à leur difficulté même. Pour en assurer la durée, il faut y apporter un ensemble de facultés aussi rares que précieuses : la sagesse qui conçoit, la force qui exécute, et l'amour qui se dévoue. C'est la réunion de ces qualités maîtresses que je me propose de vous faire admirer dans le fondateur de l'Église de Laval. Avant de les déployer au milieu de vous, et dans tout leur éclat, il avait dû les manifester en d'autres lieux et suivant les devoirs qu'il était appelé à y remplir. Car c'est à la longue et par degrés que Dieu a coutume de préparer les hommes aux missions qu'il leur confie. Je ne chercherai donc pas la division de mon sujet en dehors de l'ordre naturel que lui assigne une vie dont une moitié a été la préparation de l'autre. Ainsi verrons-nous, et par ce qui a précédé l'appel de Dieu, et par ce qui l'a suivi, l'accomplissement de ces paroles que j'ai prises pour texte : *Ecce constitui te ut ædifices et plantes :* « Voici que je vous ai établi pour édifier et pour planter. » Telle sera la matière du discours que j'ai dessein de consacrer à la mémoire de Monseigneur Casimir-Alexis Wicart, premier Évêque de Laval.

MONSEIGNEUR,

Louer les œuvres de votre vénérable prédécesseur, c'est répondre à vos vœux les plus chers. Car votre nom est devenu inséparable du sien dans l'histoire de l'Église de Laval ; et si quelque chose a pu adoucir ses regrets, au moment où la maladie l'obligeait à résigner sa charge, c'était de la voir passer sur des épaules si dignes de la porter. L'une des meilleures récompenses de ses travaux aura été d'obtenir à son troupeau, par ses ferventes prières, un pasteur dans lequel revit, avec sa piété, son zèle pour la gloire de Dieu et le salut des âmes.

I.

Dieu, qui s'est plu à combler la France des dons de la nature et de l'esprit, a rapproché au milieu d'elle des races dont la réunion offre un assemblage merveilleux des qualités les plus fécondes par leur diversité même. Ici, le caractère vif et ardent ; là, le calme et le sang-froid ; ailleurs, l'esprit de recherche et d'initiative ; plus loin, l'application forte et persévérante au travail. En se pénétrant sans se confondre, ces qualités modérées les unes par les autres, ont fait au peuple français un tempérament unique comme le sol qui lui est échu en partage. Heureux pays, si sachant toujours rester lui-même, il n'était jamais sorti de ses voies traditionnelles ! Or parmi ces races d'une physionomie à la fois si une et si diverse, il n'en est pas de plus vigoureuse que celle dont le nord de la France a été depuis des siècles le champ d'activité. Ni la nature n'a de forces qu'elle ne soit parvenue à dompter, ni le sol de ressources qu'elle n'ait su mettre à profit, également apte à triompher de tout obstacle par la patience ou par le génie. Fière autant qu'industrieuse, on l'a vue porter dans le travail des mains la même vaillance qu'elle mettait autrefois à défendre ses franchises et ses libertés publiques. Un tel peuple était fait pour recevoir de la foi catholique une énergie et une constance que rien ne réussirait à ébranler. Aussi la fidélité au Christ et à l'Église est-elle restée l'un des traits distinctifs de la Flandre, à travers toutes les vicissitudes de son histoire. C'est l'esprit qui animait ces corps de métiers et ces milices communales qui tant de fois ont tenu en échec les monarchies les plus puissantes. L'Espagne de Philippe II et l'Autriche de Marie-Thérèse n'ont touché à ce peuple que pour en faire éclater la force. Chaque épreuve politique a été pour lui une occasion de se retremper à de nouvelles sources. Ainsi est-il arrivé jusqu'à nos jours, après avoir demandé à des conquêtes d'un autre ordre l'équivalent de ses gloires passées ; et chaque fois que, dans les temps modernes, la cause de Dieu appelle le dévouement, le monde entier admire dans les catholiques de la Flandre une générosité qui ne connait pas de limites, et une hardiesse de desseins qui ne se laisse effrayer ni par la grandeur des entreprises ni par leur difficulté.

C'est au milieu de ces populations laborieuses, auxquelles il appartenait par sa naissance, que Monseigneur Wicart puisa de bonne heure l'amour du devoir et la persévérance dans le travail. L'on sortait à peine des temps néfastes où la Révolution triomphante avait couvert la France de ruines ; et dans cette région, où l'Université de Douai avait jeté un si vif éclat, il ne restait plus des institutions du passé, que de rares débris. Aussi un modeste presbytère, dans les environs de Cassel, a-t-il été la première école où le futur évêque de Laval dut s'initier à la science ; mais, avec la ténacité que, déjà, il apportait dans le bien, il sut vite achever par lui-même ce qu'une telle préparation pouvait avoir d'incomplet ; et quand le collége de Cambrai vint à s'ouvrir devant lui, de brillants succès ne tardèrent pas à dénoter un talent mûr avant l'âge. Cette ardeur au travail se doublait d'ailleurs d'une piété profonde, et qui allait devenir l'âme de toute sa vie. Nul ne réalisait mieux le programme que saint Jérôme traçait à la jeunesse de son temps, quand il l'exhortait à partager ses heures entre l'étude et la prière : *orationi lectio, lectioni succedat oratio* (1). Ainsi se passèrent sous le regard de Dieu et dans le recueillement de l'âme, ces années si fécondes pour toute la suite d'une carrière. Lorsqu'arriva le moment où la grâce du sacerdoce devait couronner de si heureuses dispo-

(1) S. Jérôme, Ep. LVII.

sitions, le jeune prêtre avait acquis à un haut degré tout ce que le service des âmes demande d'instruction et de vertus. Appelé à diriger le noviciat lévitique à un âge où d'ordinaire l'on a besoin de direction pour soi-même, il montra dans ces délicates fonctions une sagesse que l'expérience seule semblait pouvoir donner; et si j'avais besoin de chercher des souvenirs parmi ses anciens élèves, il me suffirait d'invoquer le témoignage de l'éminent Prélat qui, sous peu de jours, va décorer de la pourpre romaine le siége de Toulouse (1). Toutefois, quelle que fût son aptitude pour l'enseignement, l'abbé Wicart se sentait attiré davantage vers un ministère qui le mettrait plus directement en contact avec les âmes. Il devait trouver sa véritable voie le jour où, après avoir consacré à Douai et à Tourcoing les prémices de son apostolat, il allait se trouver sur un théâtre plus vaste encore, en recevant de son Évêque la mission d'administrer la grande et populeuse paroisse de Sainte-Catherine à Lille.

Pour qui réfléchit à la condition des classes ouvrières dans nos grandes villes, il n'est pas, Mes Frères, de sujet de préoccupation plus grave ni plus triste; et c'est dans la Flandre surtout qu'au point de vue religieux et moral l'on mesure la distance qui sépare le présent du passé. L'Église avait su admirablement organiser le travail; et, tant que son influence était restée souveraine, il n'avait pu être question ni de socialisme ni d'aucune autre utopie de ce genre. La foi et la charité chrétienne unissaient entre eux par des

---

(1) Mgr Desprez, archevêque de Toulouse.

liens puissants tous ceux que rapprochait une tâche commune : rangés sous une même bannière, heureux et fiers d'un même patronage, ils s'appuyaient les uns sur les autres, et se prêtaient un mutuel concours, dans une solidarité bienfaisante pour tous. Chaque corporation commerciale ou industrielle formait en même temps une confrérie, c'est-à-dire que la religion consacrait le travail de l'homme en l'élevant à la hauteur de Dieu. C'est grâce à une alliance si féconde que les cités flamandes avaient su réaliser les merveilles de force et de grandeur morale dont leur histoire est pleine. Dans un tel état de choses, il y avait, sans doute, il y avait encore place pour la souffrance ; mais la souffrance perd de son amertume là où l'esprit domine la matière, et où la foi console les cœurs. Le souffle d'impiété qui, au siècle dernier, est venu passer sur notre pays, a renversé en un clin d'œil et réduit à l'état de poussière ces associations chrétiennes qui étaient l'œuvre des siècles. Encore si, en livrant désormais à lui-même l'ouvrier de nos grandes villes, sans lien d'union ni point d'appui, la Révolution avait du moins consenti à lui laisser ses croyances avec ses mœurs ; mais, après l'avoir condamné à l'isolement, sous prétexte de liberté, elle s'est acharnée et elle s'acharne encore à éteindre en lui le dernier rayon de la foi. Il en est résulté le plus redoutable problème qui se soit jamais posé devant une civilisation ; et, si la religion ne parvient pas à reprendre son empire sur les âmes, nul ne sait ce que pourrait le nombre en lutte avec la raison, ni à quelles extrémités se porteraient des multitudes qui n'auraient plus ni consolations sur la terre ni espérances dans le ciel.

Le curé de Sainte-Catherine de Lille comprit bien vite tout ce que le ministère pastoral exigeait de zèle et d'activité dans ce grand centre industriel. Ramener à la religion des hommes que l'ignorance et les préjugés en tenaient éloignés ; aller au-devant d'eux, de leurs intérêts et de leurs besoins, pour les gagner à Dieu par tous les moyens que suggère la charité envers les âmes ; créer ou développer les associations qui multiplient autour des familles ouvrières les conseils, les secours, les enseignements, les exemples ; ne s'épargner ni peine ni travail, pour disputer la jeunesse aux entraînements du vice et des passions ; se dépenser du matin au soir, sans trêve ni relâche, au service des grands et des petits, des riches et des pauvres, afin de faire régner Jésus-Christ dans tous les cœurs : telle est la tâche qu'il s'imposa dès le premier instant et dont l'accomplissement fidèle a été l'honneur et la gloire de son ministère. Il avait appris de saint Grégoire le Grand que le zèle des âmes est de tous les sacrifices le plus agréable à Dieu : *Nullum est tam gratum Deo sacrificium quam zelus animarum* (1). Près d'un demi-siècle s'est écoulé depuis le passage de l'abbé Wicart à Lille, et rien n'a pu faire oublier avec quelle ardeur infatigable le curé de Sainte-Catherine remplissait les devoirs de sa charge, se partageant entre la direction des âmes qui

(1) Gregor. Mag. *super psalm.* IV, *vers.* 14.

absorbait une grande partie de sa journée et le ministère de la parole sainte qu'il exerçait en toute occasion; ne quittant la chaire et le confessionnal que pour prendre le chemin des malades et des pauvres; toujours prêt à recommencer le lendemain, avec une égale constance, le travail de la veille; se réservant à lui-même la tâche la plus lourde, pour laisser à ses collaborateurs ce qu'il y avait de moins pénible; et ne se reposant jamais, tant qu'il restait un mal à combattre ou une bonne œuvre à faire. Rarement l'on aura vu le zèle sacerdotal s'exercer avec autant de fruit et mériter davantage l'autorité qui s'attache à un grand talent et à de grandes vertus.

Aussi, mes Frères, n'eût été la voix de l'obéissance, souveraine pour sa piété, c'est dans sa chère paroisse de Lille que l'abbé Wicart aurait cherché le bonheur de toute sa vie. Mais Dieu, qui vous le préparait de loin, voulait poser dans les fondements de votre Église, comme autrefois dans les murs de Sion, une pierre éprouvée : *Ecce ego mittam in fundamentis Sion lapidem probatum* (1). Associé à l'administration d'un diocèse, votre futur Évêque devait compléter l'expérience que donne la direction d'une paroisse. Le siége de Cambrai venait d'être occupé par un Prélat en qui semblaient revivre la grâce et l'éloquence de Fénelon. Depuis que la voix des Boulogne et des Frayssinous avait cessé de se faire entendre, la chaire chrétienne n'avait plus retenti d'accents aussi nobles et aussi persuasifs. Dans l'onction douce et pénétrante de l'ancien curé de Clermont,

---

(1) Isaïe, XXVIII, 16.

l'on retrouvait sans peine les traditions oratoires que Massillon avait laissées sur son siége. C'était bien là ce langage élégant et poli, aux formes si pures et si correctes, mais ayant ranimé sa flamme au souffle poétique qui venait de traverser les lettres françaises. De là cette parole tour à tour enthousiaste et sévère, habile à varier le ton avec le sujet et à colorer tout ce qu'elle touche, n'étant jamais plus elle-même que dans le tableau des beautés et des harmonies de la religion. L'évêque n'était pas au-dessous de l'orateur et de l'écrivain : le zèle pastoral que la cour avait su deviner dans des stations mémorables, les populations de l'Aveyron avaient appris à le bénir ; et c'est à travers les montagnes et les vallées du Rouergue que le brillant prédicateur de nos grandes villes s'était fait l'apôtre et le missionnaire de son peuple. Une doctrine ferme et sûre, à une époque où déjà de graves questions divisaient les esprits, n'avait cessé d'être la règle d'une vie renfermée tout entière dans les travaux du sacerdoce ; et le témoignage le plus éclatant du Saint-Siége allait couronner sous peu cet ensemble de qualités et de mérites qui ont fait du cardinal Giraud l'une des gloires de l'Église de France au XIXe siècle.

C'est l'honneur de l'abbé Wicart d'avoir été l'objet d'un tel choix pour la plus haute fonction qui puisse échoir à un prêtre auprès du siége épiscopal ; et il fallait bien que le curé de Sainte-Catherine de Lille jouît de l'estime et de la confiance générales, pour que, sans même l'avoir jamais vu, le nouvel archevêque de Cambrai n'hésitât pas un instant à partager avec lui l'administration du diocèse. Est-il besoin de vous dire, mes Frères, quel profit il a dû retirer pour lui-même et pour vous de cet apprentissage si utile, bien que subordonné, du pouvoir spirituel ? Vous deviez le voir à l'œuvre plus tard, et apprécier pleinement ce que le diocèse de Cambrai n'avait pu que pressentir : cette science et cette habitude des affaires, si propres à prévenir les difficultés ou à les résoudre avec succès ; cet esprit d'ordre et de régularité sans lequel les plus grands efforts n'obtiennent le plus souvent que de faibles résultats ; ce soin du détail, et cette application aux moindres choses qui touchent à l'intérêt public ; cette attention soutenue à démêler dans chaque question le droit et la justice ; cette vigilance de tous les moments que rien ne réussit à endormir, ni l'illusion sur soi-même, ni les faiblesses d'autrui. Aussi trois années avaient-elles suffi pour convaincre tout le monde que l'administrateur ne le céderait pas au pasteur des âmes dans le futur Évêque de Fréjus.

Rien n'est admirable, mes Frères, rien n'est sage comme la loi qui préside à la transmission du ministère ecclésiastique. Si, dans l'ancien Testament, le pontificat était attaché à une famille, il ne pouvait plus en être ainsi, du moment que le peuple de Dieu faisait place à toute l'humanité. Aucune idée de tribu ni de caste ne pouvait entrer dans le plan du Christ, fondateur du règne de Dieu sur la terre. Ailleurs, dans la société civile, par exemple, la succession héréditaire est la garantie, souvent nécessaire, toujours utile, de la stabilité des pouvoirs et des institutions. Mais l'Église, immuable dans sa doctrine et dans sa constitution, peut appeler sans crainte à la possession du pouvoir toutes les supériorités du talent et de la vertu, quelle que soit leur origine. Ces dynasties spirituelles qui se prolongent sur les trônes apostoliques, ce n'est pas la parenté du sang qui les perpétue : renouvelées sans cesse par le libre choix du Pontife souverain, elles puisent la vie aux sources de la génération spirituelle ou de l'ordination. La grâce du Christ, communiquée par le sacrement, voilà le sang mystérieux qui coule dans leurs veines, et qui leur fait, avec une parenté d'un autre ordre, une immortelle jeunesse. Voyez ce qu'il en résulte pour l'Église de puissance et de fécondité. Chaque génération spirituelle amène sur le siége épiscopal de nouvelles lumières, de nouvelles forces, de nouveaux dévouements. Semblable à la verge d'Aaron, la houlette pastorale, en passant d'une main dans une autre, apparaît toujours verte, toujours chargée de fleurs et de fruits (1). Par le mode de succession qui lui est propre, le ministère des âmes se diversifie, sans rien perdre de son unité. Hier, c'étaient les grandes initiatives et les fortes impulsions; aujourd'hui, c'est la continuation lente et régulière d'un mouvement une fois donné. La science a-t-elle jeté son éclat dans les travaux de la pensée et dans les œuvres de l'enseignement : à son tour, la discipline viendra corriger les mœurs par d'utiles réformes. La succession épiscopale est une chaîne aux anneaux d'inégale nature, mais dont chacun soutient celui qui le précède et prépare celui qui le suit. Et toutes ces activités, où dominent tour à tour et selon les besoins des âmes, la force et la bonté, l'ardeur

---

(1) *Nombres*, XVII, 8 et ss.

ou la sagesse, forment par leur union et par leur contraste même, la vie traditionnelle et historique d'une Église.

Ce que Monseigneur Wicart apportait sur le siége de Fréjus, c'était, avant tout, un zèle ardent pour la discipline. Il pensait, avec saint Augustin, « que la discipline de l'Église est comme la tunique qui recouvre et qui protége le corps du Christ : » *Tunica corporis Christi, disciplina Ecclesiæ est* (1). « Homme de devoir et de conscience dans l'acception la plus rigoureuse du mot, il cherchait volontiers dans les autres la perfection qu'il s'imposait à lui-même. En toutes choses il aimait la règle, ne voulant laisser que le moins possible à l'arbitraire et à l'imprévu. L'abus, sous quelque forme qu'il vînt à se produire, révoltait son âme passionnée pour le bien ; et, afin d'en prévenir le retour, sa foi et son ardente piété lui inspiraient une énergie que sa bonté de cœur l'eût naturellement porté à remplacer par l'indulgence. Ses ordonnances et ses statuts, empreints d'un si grand esprit de justice, sont restés le code de la discipline dans l'Église de Fréjus, comme d'ailleurs il ne s'y trouve guère d'œuvre ni d'institution qui ne portent la trace de son activité. Si j'avais à parler devant ceux qui, moins heureux que vous, mes Frères, ne devaient profiter de son zèle que peu d'années, je rappellerais toutes les grandes choses accomplies dans un si court espace de temps : les liens de la hiérarchie sacerdotale resserrés par une organisation plus régulière ; le goût de l'étude et l'amour de la science entretenus au moyen des conférences

(1) *De duodecim abusionum gradibus*, cap. X.

ecclésiastiques ; l'éducation des clercs confiée à des religieux dont le savoir égale la piété ; une nouvelle et splendide maison ouverte aux plus jeunes élèves du sanctuaire ; l'instruction catéchétique réglée avec soin et jusque dans ses moindres détails ; les retraites paroissiales et les missions encouragées par la parole et par l'exemple ; la dévotion des fidèles ranimée aux sources de la grâce dans les pieux exercices de l'adoration perpétuelle, en même temps que la liturgie romaine, rétablie avec un filial empressement, venait fortifier leur union avec l'Église mère et maîtresse de toutes les autres. Certes, il suffit d'énumérer cette longue suite d'établissements, pour donner la mesure d'un zèle que rien ne parvenait à lasser. A vingt-quatre années de distance, c'est une voix autorisée qui nous le rappelait il y a quelques semaines, le souvenir d'un apostolat si fécond est encore tout vivant dans le cœur des populations qui en ont recueilli les bienfaits (1).

Mais les qualités mêmes que Monseigneur Wicart faisait éclater sur le siége de Fréjus, étaient devenues précisément l'une des raisons qui allaient l'en séparer. Pour mener à bonne fin la grande fondation qui déjà se préparait sur un autre point de la France, il fallait ce talent d'organisation, cette fermeté de caractère et ce dévouement à toute épreuve que l'on avait pu apprécier en lui, dans les fonctions les plus diverses du ministère ecclésiastique, à Fréjus et à Toulon, comme à Lille et à Cambrai. Ce n'est pas sans

---

(1) Lettre pastorale de Mgr Terris, évêque de Fréjus, à l'occasion de la mort de Mgr Wicart.

tristesse ni sans regret, il vous l'avouait du haut de cette chaire, qu'il allait s'éloigner pour toujours « de ces heureux rivages, de cette calme résidence sous un ciel toujours pur, où une bienveillance si affectueuse l'avait entouré jusqu'à la dernière heure ; de ces populations vives, ardentes, mais bonnes, dont l'accueil sympathique l'avait si souvent comblé de joie (1). » Mais la voix de Dieu s'était fait entendre à lui par l'organe du Pontife suprême. Jusqu'ici, suivant la parole du Sauveur, il était entré dans les travaux des autres, pour affermir ce qu'ils avaient édifié, pour arroser ce qu'ils avaient planté (2). Une autre tâche lui était réservée dans la seconde moitié de sa carrière sacerdotale ; après l'y avoir préparé de longue main, comme nous venons de le voir, le Seigneur allait lui dire, à l'heure marquée : *Ecce constitui te ut ædifices et plantes :* « Voici que je vous ai établi pour édifier et pour planter. »

II

Ce fut un grand jour, mes Frères, pour votre noble et antique cité, que le 28 septembre 1855. Appelée de tous vos vœux, préparée par d'insignes générosités, méritée et obtenue par les prières de vos saints et par le sang de vos martyrs, la plus haute prérogative spirituelle qui puisse

(1) Lettre pastorale de Mgr Wicart pour sa prise de possession du siége de Laval.

(2) Saint Jean, IV, 38.

échoir à une ville, était venue récompenser de longs siècles de fidélité au Christ et à l'Église. Désormais la couronne épiscopale allait mêler son éclat au lustre que les Guy de Laval et les Montmorency avaient répandu sur votre histoire; et dans cette vallée de la Mayenne, où depuis les jours des Turibe et des Julien, la foi catholique s'était conservée, si vive et si puissante, tout était prêt pour un nouveau centre de doctrine et d'autorité. Aussi, quelle ne fut pas votre émotion au moment solennel où, sous les yeux des représentants de l'État, le légat du Saint-Siége accomplit au milieu de vous l'acte le plus élevé de la juridiction pontificale! Une joie religieuse éclatait dans les rangs de cette foule immense accourue de tous les points du nouveau diocèse; et quand, du perron de la Trinité, devenue son église cathédrale, votre premier Évêque étendit sur vous ses mains pleines de bénédictions, prêtres et fidèles, vous sentiez tous au saisissement de votre âme, que c'était là une de ces heures qui marquent à jamais dans la vie d'un peuple.

Mais, pour celui qui venait inaugurer parmi vous le ministère épiscopal, tout était à créer. Je me trompe, mes Frères : Monseigneur Wicart trouvait sous la main le plus précieux des auxiliaires, un clergé formé à la science et à la piété par un grand maître; et je ne croirais pas répondre au sentiment qu'il a maintes fois exprimé lui-même, si je passais, sans la saluer, à côté de cette belle figure d'Évêque qui venait de jeter tant d'éclat sur le siége de saint Julien. Nature d'élite en effet, que ce fils de charpentier, passant le jour à manier les outils de son père, et dérobant à la nuit de longues heures pour étudier les premiers éléments du latin, se renfermant après, tout avide de science, dans une mansarde de l'évêché d'Angers, d'où il allait sortir au bout de quelques années, pour devenir, à force de travail et d'érudition, le théologien classique d'une grande partie des séminaires de France. Ce qu'il y avait d'admirable dans le professeur et dans l'Évêque dont l'Église du Mans est restée justement fière, c'était ce grand bon sens et cet esprit éminemment judicieux que dénotent toutes ses œuvres. Par là, par ces qualités plus solides que brillantes, il méritait de prendre la place qu'il a tenue si longtemps parmi les maîtres de l'enseignement. Aussi bien la simplicité du style et la clarté de l'exposition devaient-elles contribuer à répandre des écrits que leur intelligence facile mettait à la portée de tout le monde. Du reste, dans les questions mêmes sur lesquelles il s'est fait depuis lors de si grandes lumières, l'on avait vu ce théologien, aux intentions toujours droites et pures, se dégager peu à peu des préjugés d'un autre temps, se rapprocher constamment du centre de la doctrine, et finir par suivre en tout point, avec autant d'abnégation que de sincérité, la voie que lui traçait l'infaillible autorité du Saint-Siége. Que dirai-je de son zéle pour la réorganisation d'un diocèse où la Révolution avait laissé tant de ruines ? Ce serait à vous, Messieurs, ou du moins à vos aînés dans le sacerdoce, de nous apprendre par quels soins Monseigneur Bouvier avait réussi à former un clergé modèle, préparant ainsi au premier Évêque de Laval les instruments dont il allait se servir pour l'accomplissement de toutes ses œuvres.

Je m'étonne moins dès lors qu'avec des auxiliaires élevés à une telle école, Monseigneur Wicart ait réussi à remplir en si peu de temps la tâche de fondateur qui lui était échue. Secondé par un frère dont la haute capacité administrative devait lui être d'un si grand secours, il y porta cette patience de travail et cette énergie de caractère qu'on avait pu admirer en lui sur le siége de Fréjus. Il semblait même que de nouveaux devoirs eussent ajouté de nouvelles forces à un tempérament d'acier qui, jusqu'au déclin de l'âge, n'a jamais su fléchir sous la fatigue. Que de soins et d'efforts pour établir les pépinières du sacerdoce, seules capables d'assurer l'avenir religieux d'un diocèse! Après avoir, le premier, donné l'exemple de la générosité, il fait appel au dévouement de tous dans des lettres où déborde son cœur d'Évêque et de père: il presse, il sollicite, il conjure; et bientôt, grâce à son ardente initiative et à vos dons, l'on voit s'élever ce vaste et majestueux édifice qui suffirait, à lui seul, pour la gloire d'un épiscopat. Non content d'ouvrir à la jeunesse cléricale un noviciat si digne d'elle, il s'applique avec un zèle plus grand encore à y faire fleurir les études théologiques, heureux de pouvoir en confier la direction au prêtre éminent qui, à quelques années de là, devait porter sur le siége d'Angoulême une si haute renommée de science et de vertu (1). A partir de ce moment, les œuvres se succèdent avec les besoins qui les appellent ou les font naître: le petit séminaire de Mayenne s'élève sur les fondements d'un collége agrandi et trans-

(1) Mgr Sébaux, ancien supérieur du grand séminaire de Laval.

formé ; Château-Gonthier voit affluer la jeunesse dans ses vieux murs, où s'étaient rencontrés depuis si longtemps, fraternellement unis, les enfants de l'Anjou et du Maine ; partout des églises neuves ou restaurées avec goût témoignent de la sollicitude du pieux Prélat qui les consacre ou les bénit avec le même empressement qu'il met à en provoquer la construction. Pas d'institution nécessaire ou utile, que sa prévoyance laisse dans l'oubli ou néglige de développer. Sous l'impulsion de sa foi vive et de son ardente charité, les œuvres de la Propagation de la Foi et de la Sainte-Enfance prennent un nouvel essor ; des ressources sagement ménagées assurent aux vétérans du sacerdoce une vieillesse honorable et à l'abri de tout besoin ; le denier de Saint-Pierre se multiplie dans des proportions qu'aucun autre diocèse n'a jamais surpassées. Est-il besoin d'ajouter qu'à Laval comme à Fréjus son zèle pour la discipline ne s'est pas ralenti un instant? Catéchisme, statuts diocésains, conférences cantonales, examen annuel des jeunes prêtres, il a su revoir, établir ou régler toutes ces choses, sans rien précipiter, et avec la sûreté de coup d'œil que lui donnait sa longue expérience. Pour la seconde fois, il lui était réservé, chose rare dans la vie d'un Évêque, d'introduire dans un diocèse les pieuses solennités de l'Adoration perpétuelle et d'y ramener les pompes sévères et la majestueuse simplicité de la liturgie romaine. Et pendant que ces œuvres et ces institutions naissaient les unes après les autres, on le voyait parcourir sans relâche vos villes et vos campagnes, pour y porter les grâces de son ministère ; on recueillait avec bonheur les instructions pastorales où il rappelait à son peuple les devoirs de la religion, ranimant la piété de ceux-ci, secouant l'indifférence de ceux-là, combattant avec une mâle vigueur les erreurs du temps, flétrissant les attentats de l'impiété contre les droits de l'Église et du Saint-Siége, ne négligeant aucune occasion pour affirmer les saines doctrines et laissant pressentir par sa parole comme par ses actes l'attitude si noble et si ferme qu'il allait prendre et garder jusqu'à la fin au Concile du Vatican.

L'on touchait, en effet, « au plus grand événement religieux de ce siècle, » comme vous le disait Monseigneur Wicart, à la veille de prendre part aux travaux de l'auguste assemblée qui allait se réunir sous les voûtes de Saint-Pierre (1). Grande avait été sa joie à l'annonce de ces solennelles assises de la chrétienté, et d'avance il en saluait avec transport les heureux résultats. Non pas qu'il ne prévît à quels excès de langage se porterait une presse malveillante ou hostile, ni combien « les intrigues et les ruses de l'esprit de parti » chercheraient à entraver l'œuvre de Dieu. Il s'en ouvrait à vous, non sans quelque inquiétude, dans ces Lettres pastorales où il s'efforçait de vous prémunir contre toute altération de la vérité, en vous exhortant à « rester chrétiens catholiques, pas autre chose ; catholiques, mais pas indépendants ; catholiques, mais pas libéraux en religion ; catholiques, mais sans gallicanisme ; catholiques purs par conséquent, et fermement attachés à l'unique Église de Dieu (2). » Lui qui, vingt-trois années

(1) Lettre pastorale de Monseigneur Wicart à l'occasion du concile œcuménique.

(2) Un dernier mot de Monseigneur l'Évêque de Laval au clergé et aux fidèles de son diocèse, avant son départ pour le Concile général.

auparavant, avait proclamé dans la chaire de Fréjus sa croyance à l'infaillibilité doctrinale du Pontife Romain, ne pouvait hésiter un instant sur la grande question que le Concile était appelé à trancher définitivement (1). Aussi peut-on dire de votre premier Évêque, qu'il a été l'un des plus forts parmi les vaillants d'Israël ; et ce sera, pour l'Église de Laval, un éternel honneur de porter en tête de son histoire ce glorieux témoignage de fidélité et d'attachement au Saint-Siége.

Assurément, Mes Frères, Monseigneur Wicart avait trop le sentiment de l'humilité et de la charité chrétiennes pour refuser à aucun de ses collègues dans l'Épiscopat un droit qu'il revendiquait pour lui-même, celui d'examiner avec une pleine et entière liberté ce qu'il y aurait de plus utile et de plus opportun dans les mesures et les décisions projetées.

---

(1) Instruction pastorale de Monseigneur l'Évêque de Fréjus, sur l'attachement et la soumission dûs au Saint-Siége apostolique et au successeur de saint Pierre.

Nous croyons honorer la mémoire de M. de Montalembert en publiant la lettre qu'il écrivait à Monseigneur Wicart, en réponse à l'envoi du mandement dans lequel l'Évêque de Fréjus venait d'enseigner l'infaillibilité doctrinale du Souverain Pontife.

MONSEIGNEUR,

Vous m'avez fait l'honneur de m'adresser un mandement sur l'attachement dû au Saint-Siége, à l'occasion du carême de 1847. Je ne sais à quel titre j'ai pu mériter cette marque flatteuse de la bienveillance de votre Grandeur : mais, au risque de l'importuner, je ne résiste pas au besoin de lui exprimer la reconnaissance qu'elle m'inspire, et l'admiration que m'a fait éprouver cette œuvre éloquente, bien digne sous tous les rapports d'un évêque, et de l'évêque de France qui par sa position est le plus rapproché du centre de l'unité catholique.

Je parlais hier de cet écrit si consolant et si opportun avec Monseigneur le Nonce apostolique ; il ne l'avait pas reçu : je compte lui communiquer l'exemplaire que je tiens de votre bonté, Monseigneur ; mais je pense qu'il serait heureux d'en recevoir un de votre part.

Daignez agréer, Monseigneur, tous mes remerciements et l'assurance du respect avec lequel j'ai l'honneur d'être, de votre Grandeur, le très-humble et très-obéissant serviteur.

Signé : LE COMTE DE MONTALEMBERT.

Paris, ce 14 février 1847.

Tout en maintenant avec force le caractère exceptionnel et unique d'une assemblée que sa mission divine et ses garanties contre l'erreur ne permettaient pas d'assimiler aux parlements des nations, il n'avait garde d'en exclure les discussions vraiment fécondes, ni même les divergences de vues sur des points qui, pour quelques-uns, pouvaient n'être pas complétement éclaircis. Mais c'est devant le Pape et les Évêques seulement, pensait-il, que devaient se produire les objections, et non pas au tribunal de l'opinion publique, dont l'incompétence en matière de foi ne permettait pas d'invoquer l'autorité. Lors donc qu'il vit attaquer bruyamment et au fond, des vérités à tout le moins certaines, sinon déjà très-proches de la foi, son âme ardente s'indigna d'une opposition qu'il eût voulue plus discrète et moins opiniâtre. Et quand il crut s'apercevoir que la pression du dehors viendrait se joindre à l'agitation du dedans, provoquées l'une et l'autre par d'imprudentes paroles, oh alors ! pourquoi ne le dirais-je pas ? son indignation éclata en traits de feu. *Mori possum, tacere non possum*, « je puis mourir, mais non pas me taire, » s'écriait saint Jérôme, dans l'ardeur de sa foi, au risque de blesser un écrivain qui avait rendu à l'Église les plus grands services (1). C'était le sentiment qui transportait l'Évêque de Laval, quand il suivait cette maxime de Bossuet : « plus les erreurs viennent de haut, plus doit être fort le coup qui les frappe (2). » A qui aurait pu être tenté de lui reprocher une trop grande vivacité de langage, il eût répondu volontiers

(1) *Apologia adversus Ruffinum*. l. III.
(2) Ep. 201 au Pape Innocent XII.

avec le Père de l'Église que je viens de citer, et dont la véhémence rappelle la sienne : *Canes latrant pro dominis suis, et tu non vis me latrare pro Christo* (1) ! Ceux-là seuls ne comprennent rien à ces indignations vertueuses, qui n'estiment pas la vérité le plus grand bien de ce monde, l'intérêt suprême devant lequel doit fléchir toute considération de personnes. *Væ mihi, quia tacui :* cette responsabilité du silence, à l'heure où il faudrait parler, alarmait la conscience du pieux Prélat ; et c'est dans toute la sincérité de son âme qu'il pouvait vous écrire, à quelques semaines d'une manifestation publique, et dont tout le monde a gardé le souvenir : « Je ne regrette pas une seule des lignes que j'ai tracées pour le clergé et surtout pour les fidèles de mon diocèse. Aujourd'hui, si c'était à refaire, je parlerais probablement avec plus de calme, en termes mieux choisis peut-être ; mais le fond serait le même, aussi ferme, aussi énergique que le premier (2). » Ces paroles le dépeignent tout entier, homme de foi profonde, ne puisant ses inspirations que dans un amour passionné pour la justice et la vérité, tenant peu compte de lui-même, de ses intérêts ou de son mérite, mais incapable de jamais reculer devant un acte de courage, du moment qu'il s'agissait de défendre la cause de l'Église et de la religion.

Cette cause, qui est au fond de tous les événements de ce monde, allait bientôt réclamer des dévouements d'un autre ordre, en se confondant avec la cause de la patrie. « Nos frères volent de tous côtés aux combats où les appelle le

---

(1) *Ap. adv. Ruffinum*. l. III.
(2) Lettre au clergé de Laval, du 26 avril 1870.

devoir ; nos cœurs les suivent et sollicitent pour eux la victoire et bientôt la paix (1) : » ce cri de la foi et du patriotisme, vous l'avez recueilli des lèvres de votre Évêque, le jour même où il revenait du Concile, encore tout ému des grandes choses auxquelles il avait eu une si large part. Hélas ! ni ses vœux ni les nôtres ne devaient être exaucés. Dieu, dont les desseins sont impénétrables, avait permis qu'une puissance protestante frappât au cœur la fille aînée de l'Église ; et les malheurs du Saint-Siége venant s'ajouter à nos propres infortunes, allaient mettre le comble aux épreuves communes de la religion et de la patrie. Le vénérable vieillard en fut brisé de douleur, lui qui n'avait jamais cessé d'embrasser dans une même affection l'Église et la France. Bien qu'éloignés du théâtre de la guerre, vous n'en ressentiez pas moins les cruelles atteintes ; et il vint un jour où le fléau s'avançant jusqu'aux portes de cette ville, menaçait d'envahir vos belles vallées, pour les couvrir à leur tour de sang et de ruines. Mais c'est là, mes Frères, que la Vierge miséricordieuse attendait son fidèle serviteur, pour ajouter une page ineffaçable à une vie déjà si riche en œuvres et en mérites. Le diocèse de Laval allait être choisi entre tous pour recueillir du ciel le premier mot de l'espérance, et ce mot répété par des lèvres enfantines devait faire tressaillir de joie la France humiliée et meurtrie. Ayant déjà eu le bonheur de célébrer ces merveilles sur les lieux mêmes qui en furent les témoins (2), je n'y

---

(1) Lettre au clergé de Laval, du 27 juillet 1870.

(2) Discours prononcé à la cérémonie de la bénédiction de l'Église de Notre-Dame d'Espérance de Pontmain *Œuvres oratoires*, tome V).

toucherai que pour rappeler avec quelle sage lenteur, quelle prudente circonspection et quelle judicieuse critique, Monseigneur Wicart procéda dans l'examen de l'apparition miraculeuse de Pontmain. Le jugement qu'il rendit à la suite d'informations conduites avec autant de soin que de délicatesse, restera comme un modèle de discrétion et de fermeté doctrinale (1).

Sans doute, mes Frères, la voix publique n'a été que juste en attribuant une telle faveur à la piété des populations au milieu desquelles s'élève désormais la splendide basilique, monument insigne du zèle de vos deux Évêques; mais serais-je téméraire, en faisant également une grande part aux mérites du saint Prélat? L'Évêque dont le premier acte, au milieu de vous, avait été la glorification de la Vierge Immaculée, patronne du nouveau diocèse; l'Évêque qui en posant le diadème royal au front de Notre-Dame d'Avesnières avait voulu placer tout son peuple sous la protection particulière de la Reine du Ciel; l'Évêque dont on a pu dire avec raison que deux sentiments ont été l'âme de sa vie, l'attachement à l'Église et la dévotion envers la sainte Vierge; un tel Évêque était digne d'obtenir pour son diocèse une marque si éclatante de la prédilection de Marie; et s'il est permis de soulever le voile qui recouvre les desseins de la Providence, je ne crains pas de dire à la louange de Monseigneur Wicart, que l'apparition de Pontmain a été le couronnement de sa carrière et la récompense terrestre de son épiscopat.

---

(1) Lettre pastorale portant jugement sur l'apparition qui a eu lieu à Pontmain le 17 janvier 1871.

Et cependant, je n'aurais pas répondu à votre attente ni satisfait ma reconnaissance, si j'omettais un dernier trait dans cette belle figure d'évêque. Bien que les œuvres du ministère pastoral eussent occupé la plus grande place dans la vie de Monseigneur Wicart, l'instruction et l'éducation chrétiennes de la jeunesse n'en étaient pas moins restées l'une de ses premières et de ses plus vives préoccupations. Certes, avec l'énergie naturelle à son caractère et doublée par sa foi, il repoussait comme un principe de ruine pour la société, tout système d'enseignement où la religion ne tiendrait pas le rang qui lui appartient. Il lui semblait qu'affirmer les droits de l'État, en niant ceux de l'Église et de la famille, c'était consacrer, avec un monopole funeste, la servitude des intelligences et des volontés. Sous un gouvernement oublieux de ses promesses, l'évêque de Fréjus n'avait pas manqué de revendiquer la liberté de l'enseignement chrétien, dans un mémoire aussi plein d'éloquence que de raison (1); et quand les événements eurent accompli ce que n'avaient pu faire des observations bienveillantes, ses vives instances ne durent pas peu contribuer à des résultats provoqués par les uns et acceptés par les autres. Vint plus tard le moment où la liberté de l'enseignement supérieur, reconquise péniblement et à demi, permit de reprendre sur un plan modeste ce que l'Église avait réalisé avec tant d'éclat et de succès dans les siècles précédents. L'évêque de Laval n'hésita pas un instant à entrer dans une voie plutôt ancienne que nouvelle;

(1) Mémoire du 30 juin 1847, à M. de Salvandy, Ministre de l'Instruction publique, sur la liberté de l'enseignement.

et ses lettres furent pour moi le plus précieux des encouragements, lorsqu'il s'agit de replanter sur la terre d'Anjou un arbre tant de fois séculaire et dont la nation du Maine avait formé l'une des branches les plus vigoureuses. Sans le puissant concours de son énergique volonté, j'aime à le dire hautement, jamais l'Université d'Angers n'aurait revu le jour ; et ce n'est que justice de le ranger parmi ses premiers restaurateurs. Non content de l'aider dans ses débuts, et de lui assurer des ressources pour l'avenir, il consentit à se priver des lumières du prêtre éminent que sa haute piété et sa science éprouvée de longue date désignaient d'elles-même pour la direction de ce grand établissement (1). Ce sont là des titres impérissables à la reconnaissance de l'Église et de l'Université d'Angers. Par cet acte, l'un des derniers de sa vie si laborieuse et si bien remplie, votre premier évêque s'est plu à resserrer des liens que de longs siècles avaient contribué à former : son dévouement à la grande œuvre catholique de l'Ouest restera comme une sorte de testament qui, je le sais, a été recueilli par des mains fidèles, et dont les générations à venir, j'en ai la douce confiance, garderont le dépôt avec un religieux respect.

C'est ainsi, mes Frères, que nos maîtres et nos aînés dans l'épiscopat nous quittent les uns après les autres. L'an dernier, c'était Monseigneur Saint-Marc, dont nous pleurions la perte avec l'Église de Rennes ; il y a quelques semaines, la mort venait frapper celui qui avait été votre premier

(1) Mgr Sauvé, recteur de l'Université catholique d'Angers.

Pasteur et le Père de vos âmes. Nous restons, au milieu de ces deuils répétés, nous, venus plus tard, et moins avancés dans la vie ; nous restons sur le champ de bataille, après avoir enseveli nos morts ; nous restons, pour l'épreuve et pour la lutte ; nous restons, devant un avenir plein de menaces et d'alarmes. Mais, nous restons, l'œil fixé sur nos devanciers, instruits à leur école, guidés par leurs exemples, forts de leurs travaux, et confiants dans leurs prières. Oui, vénérable Frère, qui nous avez tant édifiés pendant votre vie, le souvenir de vos vertus continuera d'embaumer le champ où elles ont fleuri. Les leçons et les œuvres que vous laissez après vous, demeureront pour vos successeurs comme un héritage impérissable de lumières et de forces. Cette Église de Laval dont vos sueurs ont arrosé les plantations naissantes, vous l'aimerez d'un amour encore plus ardent au sein de la patrie céleste ; et tandis qu'elle portera votre nom en tête de son histoire à travers les siècles, vos prières la suivront dans ses luttes comme un gage de protection. Pour moi, qui suis venu mêler mes regrets à ceux de votre famille spirituelle et déposer sur votre tombe ce faible hommage de ma tendre vénération, puissé-je à mon tour m'inspirer de votre ministère, pour n'être pas trop indigne du mien ; et puissent les liens que la charité fraternelle avait formés entre nous sur la terre, nour unir un jour dans la félicité et la gloire éternelles ! Ainsi-soit-il !

Angers, imp. Germain et G. Grassin, imprimeurs de Mgr l'Évêque et du Clergé.

www.ingramcontent.com/pod-product-compliance
Ingram Content Group UK Ltd.
Pitfield, Milton Keynes, MK11 3LW, UK
UKHW020519180726
13839UKWH00005B/2192